This

Gratitude

journal belongs to

....

We create our books with love and great care.

Yet mistakes can always happen. For any issues with your journal, such as faulty binding, printing errors, or something else, please do not hesitate to contact us at: **hello@happybookshub.com**.
We will make sure you get a replacement copy immediately.

For any suggestions or questions regarding our books, please contact us at: **hello@happybookshub.com**

ISBN: 978-1726280594

Without your voice we don't exist.
Please, support us and leave a review!

Thank you!

Happiness
through
Gratefulness

If we should point one thing that all human beings have in common, it is that we all want to be happy.

Do you want to be happy too? Be grateful.

Practicing gratitude is one of the simplest and most effective things you can do to transform your life. Research shows that people who regularly take time to notice things they are grateful for enjoy better sleep, better relationships, greater resolve towards achieving goals, show more compassion and kindness, and are overall happier.

Gratitude doesn't have to be only about the big things. You can be thankful for a nice cup of coffee, a sunny winter day, or that adorable silly butt-wiggle dance your dog makes when you come home.

As long as you practice it regularly by keeping a gratitude journal and writing brief reflections on the moments you are thankful for you can easily enhance your overall well-being and life satisfaction.

What about you? What are you grateful for today?

Food for Thought

LIST THINGS YOU HAVE EVERY DAY and you can be grateful for but you rarely or never manage to appreciate.

Just a hint: electricity, running cold and hot water, eyesight, hands, legs, etc.

_____

_____

_____

_____

_____

_____

_____

_____

_____

_____

_____

_____

LIST PEOPLE YOU ARE GRATEFUL FOR; not only people that you have in your life, but also people that you have never met but have managed to inspire you or teach you something by their story or actions.

Just a hint: your mother, best friend, high school teacher, Oprah, Elon Musk, etc.

_____

_____

_____

_____

_____

_____

_____

_____

_____

_____

_____

_____

_____

LIST NEGATIVE EVENTS THAT LED TO POSITIVE CHANGES IN YOUR LIFE.

Just a hint: hard breakup only to begin a better relationship, loss of a job only to find something else that you love doing, broken screen of your phone only to buy a new one with a better camera, etc.

LIST MOMENTS IN YOUR LIFE WHEN YOU FELT PROUD OF YOURSELF.

Just a hint: when you didn't give up even though it got tough, that time you made your daughter smile, that time you picked up someone else's litter, etc.

LIST THE TOP THINGS THAT MAKE YOU FEEL BETTER.

Just a hint: a favorite song, a night out with a friend, watching episodes of a favorite TV show, dancing alone when no one is watching, etc.

LIST THE MOST IMPORTANT EVENTS IN YOUR LIFE THAT YOU ARE GRATEFUL FOR.

My Thoughts

Be thankful

for what you have;
you'll end up having more.
If you concentrate on what you
don't have, you will never,
ever have enough.

— Oprah Winfrey

STOP.

You can't win in life if you are losing in mind.
Change your thoughts and it will change your life.

THINK.

GO ON.

DATE __ / __ / _____

I am thankful for...

☀ _____
_____
_____

Small victories I had today...

☾ _____
_____
_____

DATE __ / __ / _____

I am grateful for...

☀ _____
_____
_____

Music I enjoyed listening to today...

☾ _____
_____
_____

DATE ___ / ___ / _____   I am grateful for...

☼ _____

People I am grateful for today...

☽ _____

DATE ___ / ___ / _____   I am thankful for...

☼ _____

Things I did for myself today...

☽ _____

DATE ___ / ___ / _____   I am grateful for...

☼ _____

Relaxing moments I had today...

☽ _____

STOP.

Every day may not be good
but there is something good in every day.

REMEMBER.

GO ON.

DATE Mo Tu We Th Fr Sa Su ___ / ___ / _____   *I am thankful for...*

☀ _____
_____
_____

Silly things that happened today...

☽ _____
_____
_____

DATE Mo Tu We Th Fr Sa Su ___ / ___ / _____   *I am grateful for...*

☀ _____
_____
_____

Moments I appreciated today...

☽ _____
_____
_____

DATE ____ / ____ / _____

I am grateful for...

_____

☼ _____

_____

Food I enjoyed eating today...

_____

☾ _____

_____

DATE ____ / ____ / _____

I am thankful for...

_____

☼ _____

_____

Things that made me feel good about myself today...

_____

☾ _____

_____

DATE ____ / ____ / _____

I am grateful for...

_____

☼ _____

_____

People I loved talking to today...

_____

☾ _____

_____

STOP.

When life gives you lemons say 'thank you' and keep them because, hey, free lemons!

SMILE.

GO ON.

DATE Mo Tu We Th Fr Sa Su ___ / ___ / ___

I am thankful for...

☼

_____

Things from today I would like to do again tomorrow...

☽

_____

DATE Mo Tu We Th Fr Sa Su ___ / ___ / ___

I am grateful for...

☼

_____

Moments that made me laugh today...

☽

_____

DATE ___ Mo Tu We Th Fr Sa Su ___ / ___ / ___

I am grateful for...

☼

Unique things about today...

☾

DATE ___ Mo Tu We Th Fr Sa Su ___ / ___ / ___

I am thankful for...

☼

Friends I thought about today...

☾

DATE ___ Mo Tu We Th Fr Sa Su ___ / ___ / ___

I am grateful for...

☼

Nice things I heard today...

☾

STOP.

Happiness is not a big thing.
It is a million little things.

REMEMBER.

GO ON.

DATE ___ / ___ / _____   *I am thankful for...*

☼
_____
_____

Things I want to remember from today...

☽
_____
_____

DATE ___ / ___ / _____   *I am grateful for...*

☼
_____
_____

People whose company I enjoyed today...

☽
_____
_____

DATE ___ / ___ / _____

I am grateful for...

☼

Small things that made me smile today...

☽

DATE ___ / ___ / _____

I am thankful for...

☼

My favorite scent today...

☽

DATE ___ / ___ / _____

I am grateful for...

☼

Good things someone did for me today...

☽

STOP.

Hakuna Matata.

SMILE.

GO ON.

DATE Mo Tu We Th Fr Sa Su ___ / ___ / _____   *I am thankful for...*

☀

☾

Small victories I had today...

DATE Mo Tu We Th Fr Sa Su ___ / ___ / _____   *I am grateful for...*

☀

Moments from today I would like to have tomorrow...

☾

DATE ___ / ___ / ___

I am grateful for...

☼
_____
_____

Things that made me feel good today...

☽
_____
_____

DATE ___ / ___ / ___

I am thankful for...

☼
_____
_____

New things I tried today...

☽
_____
_____

DATE ___ / ___ / ___

I am grateful for...

☼
_____
_____

Funny moments from today...

☽
_____
_____

STOP.

Feelings are much like waves. We can't stop them from coming but we can choose which one to surf.

THINK.
GO ON.

DATE ___ / ___ / _____

I am thankful for...

Things that made me laugh today...

DATE ___ / ___ / _____

I am grateful for...

Things I did for myself today...

DATE ___ / ___ / ___

I am grateful for...

☼
_____
_____

People I loved seeing today...

☾
_____
_____

DATE ___ / ___ / ___

I am thankful for...

☼
_____
_____

Music I enjoyed listening to today...

☾
_____
_____

DATE ___ / ___ / ___

I am grateful for...

☼
_____
_____

Relaxing moments I had today...

☾
_____
_____

30 DAY REFLECTION

*When life is
sweet say thank you
and celebrate.
And when life is bitter
say thank you
and grow.*

MY FAVORITE MOMENTS

MY THOUGHTS

WHAT I LEARNED

LOOKING FORWARD

GOALS AND INTENTIONS

AFFIRMATIONS

I am...

LOOKING FORWARD TO

THINGS TO IMPROVE

STOP.

Appreciate life as it happens. Moments will soon pass and you will wish you had treasured them more.

THINK.

GO ON.

DATE Mo Tu We Th Fr Sa Su
___ / ___ / _____

I am thankful for...

Small things that made me smile today...

DATE Mo Tu We Th Fr Sa Su
___ / ___ / _____

I am grateful for...

Nice things someone did for me today...

I am grateful for...

☼

People I loved talking to today...

☽

I am thankful for...

☼

Things I did for myself today...

☽

I am grateful for...

☼

Small victories I had today...

☽

STOP.

Don't give up on your dreams!
Keep sleeping.

SMILE.

GO ON.

DATE Mo Tu We Th Fr Sa Su ___ / ___ / _____   *I am thankful for...*

☼ _____

Things from today I would like to do again tomorrow...

☽ _____

DATE Mo Tu We Th Fr Sa Su ___ / ___ / _____   *I am grateful for...*

☼ _____

Moments that made me smile today...

☽ _____

DATE
_____ / _____ / _____

I am grateful for...

☼

Unique things about today...

☽

DATE
_____ / _____ / _____

I am thankful for...

☼

Friends I thought about today...

☽

DATE
_____ / _____ / _____

I am grateful for...

☼

Nice things I smelled today...

☽

STOP.

You are just blessed to be here. – fact.

REMEMBER.

GO ON.

DATE Mo Tu We Th Fr Sa Su ___ / ___ / _____

I am thankful for...

☀

Things I did for myself today...

☽

DATE Mo Tu We Th Fr Sa Su ___ / ___ / _____

I am grateful for...

☀

Good things I did for someone today...

☽

DATE ___ / ___ / ___

Mo Tu We Th Fr Sa Su

☼

I am grateful for...

Silly things that made me smile today...

☾

DATE ___ / ___ / ___

Mo Tu We Th Fr Sa Su

☼

I am thankful for...

My favorite people today...

☾

DATE ___ / ___ / ___

Mo Tu We Th Fr Sa Su

☼

I am grateful for...

Moments I appreciated today...

☾

STOP.

When things get tough remember:
better days are coming.
They are called Saturday and Sunday.

SMILE.

GO ON.

DATE Mo Tu We Th Fr Sa Su
___ / ___ / _____

I am thankful for...

☼ _____

Moments from today I would like to have again tomorrow...

☽ _____

DATE Mo Tu We Th Fr Sa Su
___ / ___ / _____

I am grateful for...

☼ _____

Funny moments from today...

☽ _____

I am grateful for...

☼

Unique things about today...

☽

I am thankful for...

☼

Food I enjoyed eating today...

☽

I am grateful for...

☼

Nice things I heard today...

☽

STOP.

*When life gets tough remember:
so are you!*

REMEMBER.

GO ON.

DATE Mo Tu We Th Fr Sa Su __ / __ / _____   *I am thankful for...*

☼ _____

Moments I want to remember from today...

☽ _____

DATE Mo Tu We Th Fr Sa Su __ / __ / _____   *I am grateful for...*

☼ _____

Good things I did for someone today...

☽ _____

DATE   Mo Tu We Th Fr Sa Su
____ / ____ / _____

I am grateful for...

☀

Small things that made me smile today...

☾

DATE   Mo Tu We Th Fr Sa Su
____ / ____ / _____

I am thankful for...

☀

My favorite music today...

☾

DATE   Mo Tu We Th Fr Sa Su
____ / ____ / _____

I am grateful for...

☀

Good things someone did for me today...

☾

STOP.

Choose to be optimistic.
It feels better.

THINK.

GO ON.

DATE Mo Tu We Th Fr Sa Su
___ / ___ / _____

I am thankful for...

_____
_____
_____

Small victories I had today...

_____
_____
_____

DATE Mo Tu We Th Fr Sa Su
___ / ___ / _____

I am grateful for...

_____
_____
_____

Moments that made me laugh today...

_____
_____
_____

DATE ___ / ___ / _____

I am grateful for...

☼

_____
_____
_____

People I am grateful for today...

☽

_____
_____
_____

DATE ___ / ___ / _____

I am thankful for...

☼

_____
_____
_____

Things I did for myself today...

☽

_____
_____
_____

DATE ___ / ___ / _____

I am grateful for...

☼

_____
_____
_____

Relaxing moments I had today...

☽

_____
_____

30 DAY REFLECTION

MY FAVORITE MOMENTS

Sometimes you win, sometimes you learn.

MY THOUGHTS

WHAT I LEARNED

LOOKING FORWARD

GOALS AND INTENTIONS

AFFIRMATIONS

I am...

LOOKING FORWARD TO

THINGS TO IMPROVE

STOP.

The antidote to fear is gratitude. The antidote to anger is gratitude. You can't feel fear or anger while feeling gratitude at the same time.

THINK.

GO ON.

DATE Mo Tu We Th Fr Sa Su ___ / ___ / _____

I am thankful for...

☼ _____

Things that made me feel good about myself today...

☽ _____

DATE Mo Tu We Th Fr Sa Su ___ / ___ / _____

I am grateful for...

☼ _____

Small things that made me smile today...

☽ _____

ATE

I am grateful for...

☼

☽

Music I enjoyed today...

ATE

I am thankful for...

☼

Nice things I did today...

☽

ATE

I am grateful for...

☼

People whose company I enjoyed today...

☽

STOP.

Just in case no one told you today:
Good morning! You are doing great.
I believe in you. Nice butt.

SMILE.

GO ON.

DATE Mo Tu We Th Fr Sa Su ___ / ___ / _____

I am thankful for...

☀

Unique things about today...

☾

DATE Mo Tu We Th Fr Sa Su ___ / ___ / _____

I am grateful for...

☀

Relaxing moments I had today...

☾

DATE ___ / ___ / ___
Mo Tu We Th Fr Sa Su

I am grateful for...

☼ _____

People I loved seeing today...

☽ _____

DATE ___ / ___ / ___
Mo Tu We Th Fr Sa Su

I am thankful for...

☼ _____

Food I enjoyed eating today...

☽ _____

DATE ___ / ___ / ___
Mo Tu We Th Fr Sa Su

I am grateful for...

☼ _____

Small victories I had today...

☽ _____

STOP.

Breathe. Don't let a bad day make you feel like you have a bad life.

THINK.

GO ON.

DATE Mo Tu We Th Fr Sa Su ___ / ___ / _____

I am thankful for...

☀

_____
_____
_____

Things I want to remember from today...

☾

_____
_____
_____

DATE Mo Tu We Th Fr Sa Su ___ / ___ / _____

I am grateful for...

☀

_____
_____
_____

Nice things I did today...

☾

_____
_____

DATE ___ / ___ / ___

I am grateful for...

☼ _____

People I loved talking to today...

☽ _____

DATE ___ / ___ / ___

I am thankful for...

☼ _____

Good things I did for someone today...

☽ _____

DATE ___ / ___ / ___

I am grateful for...

☼ _____

Silly things that happened today...

☽ _____

STOP.

You can.
End of story.

REMEMBER.

GO ON.

DATE Mo Tu We Th Fr Sa Su
___ / ___ / _____

I am thankful for...

☀
_____
_____
_____

Relaxing moments I had todayy...

☽
_____
_____

DATE Mo Tu We Th Fr Sa Su
___ / ___ / _____

I am grateful for...

☀
_____
_____
_____

Moments I appreciated today...

☽
_____
_____

DATE ___ / ___ / _____

I am grateful for...

Moments I felt appreciated today...

DATE ___ / ___ / _____

I am thankful for...

Good things I did for someone today...

DATE ___ / ___ / _____

I am grateful for...

People I loved talking to today...

STOP.

Stop focusing on how stressed you are and remember how blessed you are.

THINK.

GO ON.

DATE Mo Tu We Th Fr Sa Su ___ / ___ / _____   I am thankful for...

☀

Small things that made me smile today...

☽

DATE Mo Tu We Th Fr Sa Su ___ / ___ / _____   I am grateful for...

☀

Nice things someone did for me today...

☽

DATE Mo Tu We Th Fr Sa Su
___ / ___ / _____

I am grateful for...

_____

_____

Things I want to remember from today...

_____

_____

DATE Mo Tu We Th Fr Sa Su
___ / ___ / _____

I am thankful for...

_____

_____

Things I did for myself today...

_____

_____

DATE Mo Tu We Th Fr Sa Su
___ / ___ / _____

I am grateful for...

_____

_____

Small victories I had today...

_____

_____

STOP.

The best things in life aren't things.

THINK.

GO ON.

DATE __ / __ / _____   I am thankful for...

☼ _____

Unique things about today...

☾ _____

DATE __ / __ / _____   I am grateful for...

☼ _____

Music I enjoyed listening to today...

☾ _____

DATE ___ / ___ / ___   Mo Tu We Th Fr Sa Su

I am grateful for...

☀

People I am grateful for today...

☽

DATE ___ / ___ / ___   Mo Tu We Th Fr Sa Su

I am thankful for...

☀

Things I did for myself today...

☽

DATE ___ / ___ / ___   Mo Tu We Th Fr Sa Su

I am grateful for...

☀

Small things that made me smile today...

☽

30 DAY REFLECTION

It is not happy people who are thankful.
It is thankful people who are happy.

MY FAVORITE MOMENTS

MY THOUGHTS

WHAT I LEARNED

LOOKING FORWARD

GOALS AND INTENTIONS

AFFIRMATIONS

I am...

LOOKING FORWARD TO

THINGS TO IMPROVE

STOP.

Nothing is impossible.
The word itself says "I'm possible".

REMEMBER.

GO ON.

DATE ___ Mo Tu We Th Fr Sa Su / ___ / _____   *I am thankful for...*

☼ _____

_____

Silly things that happened today...

☽ _____

_____

DATE ___ Mo Tu We Th Fr Sa Su / ___ / _____   *I am grateful for...*

☼ _____

_____

Moments I appreciated today...

☽ _____

_____

DATE ___ / ___ / ___   I am grateful for...

☀

Food I enjoyed eating today...

☽

DATE ___ / ___ / ___   I am thankful for...

☀

Things that made me feel good about myself today...

☽

DATE ___ / ___ / ___   I am grateful for...

☀

People I loved talking to today...

☽

STOP.

Smile. There is chocolate, wine and coffee for every occasion.

SMILE.

GO ON.

DATE Mo Tu We Th Fr Sa Su
___ / ___ / _____   *I am thankful for...*

☼ _____
_____
_____

Things from today I would like to do again tomorrow...

☽ _____
_____
_____

DATE Mo Tu We Th Fr Sa Su
___ / ___ / _____   *I am grateful for...*

☼ _____
_____
_____

Moments that made me laugh today...

☽ _____
_____

DATE ___ / ___ / ___

I am grateful for...

☼ _____
_____

Moments I felt appreciated today...

☽ _____
_____

DATE ___ / ___ / ___

I am thankful for...

☼ _____
_____

Friends I thought about today...

☽ _____
_____

DATE ___ / ___ / ___

I am grateful for...

☼ _____
_____

Nice things I heard today...

☽ _____
_____

STOP.

You've been criticizing yourself for years and it hasn't worked. Try approving of yourself and see what happens.

THINK.

GO ON.

DATE Mo Tu We Th Fr Sa Su
___ / ___ / _____

I am thankful for...

☼

Things that made me feel good today...

☽

DATE Mo Tu We Th Fr Sa Su
___ / ___ / _____

I am grateful for...

☼

Things I did for myself today...

☽

DATE ___ / ___ / ___

I am grateful for...

☼

People I loved seeing today...

☽

DATE ___ / ___ / ___

I am thankful for...

☼

Music I enjoyed today...

☽

DATE ___ / ___ / ___

I am grateful for...

☼

Relaxing moments I had today...

☽

STOP.

Feeling gratitude and not expressing it is like wrapping a present and not giving it.

THINK.

GO ON.

DATE Mo Tu We Th Fr Sa Su ___ / ___ / ___

I am thankful for...

☼ _____

_____

Small victories I had today...

☽ _____

_____

DATE Mo Tu We Th Fr Sa Su ___ / ___ / ___

I am grateful for...

☼ _____

_____

Good things I did for someone today...

☽ _____

_____

DATE Mo Tu We Th Fr Sa Su ___ / ___ / ___   I am grateful for...

☼ _____

People I am grateful for today...

☽ _____

DATE Mo Tu We Th Fr Sa Su ___ / ___ / ___   I am thankful for...

☼ _____

Things I did for myself today...

☽ _____

DATE Mo Tu We Th Fr Sa Su ___ / ___ / ___   I am grateful for...

☼ _____

Things from today I would like to do again tomorrow...

☽ _____

STOP.

A good laugh and a long sleep are the two best cures for anything.

SMILE.

GO ON.

DATE Mo Tu We Th Fr Sa Su __ / __ / _____

I am thankful for...

_____
_____
_____

Things from today I would like to do again tomorrow...

_____
_____

DATE Mo Tu We Th Fr Sa Su __ / __ / _____

I am grateful for...

_____
_____
_____

Moments that made me smile today...

_____
_____

DATE ___ / ___ / ___

I am grateful for...

☼

Unique things about today...

☽

DATE ___ / ___ / ___

I am thankful for...

☼

Friends I am grateful for today...

☽

DATE ___ / ___ / ___

I am grateful for...

☼

Nice things I did today...

☽

STOP.

When nothing is sure
everything is possible.

REMEMBER.

GO ON.

DATE Mo Tu We Th Fr Sa Su ___ / ___ / _____

I am thankful for...

☀

Things I want to remember from today...

☽

DATE Mo Tu We Th Fr Sa Su ___ / ___ / _____

I am grateful for...

☀

People whose company I enjoyed today...

☽

DATE ___ / ___ / ___

I am grateful for...

☼ _____
_____

Small things that made me smile today...

☽ _____
_____

DATE ___ / ___ / ___

I am thankful for...

☼ _____
_____

My favorite scent today...

☽ _____
_____

DATE ___ / ___ / ___

I am grateful for...

☼ _____
_____

Good things someone did for me today...

☽ _____

30 DAY REFLECTION

The secret to having it all is knowing you already do.

MY FAVORITE MOMENTS

MY THOUGHTS

WHAT I LEARNED

LOOKING FORWARD

GOALS AND INTENTIONS

AFFIRMATIONS

I am...

LOOKING FORWARD TO

THINGS TO IMPROVE

STOP.

Smile. It is not illegal yet.

SMILE.

GO ON.

DATE _{Mo Tu We Th Fr Sa Su} ___ / ___ / _____

I am thankful for...

Small victories I had today...

DATE _{Mo Tu We Th Fr Sa Su} ___ / ___ / _____

I am grateful for...

Moments from today I would like to have tomorrow...

DATE Mo Tu We Th Fr Sa Su ___ / ___ / ___

I am grateful for...

☀

Things that made me feel good today...

☽

DATE Mo Tu We Th Fr Sa Su ___ / ___ / ___

I am thankful for...

☀

New things I tried today...

☽

DATE Mo Tu We Th Fr Sa Su ___ / ___ / ___

I am grateful for...

☀

Funny moments from today...

☽

STOP.

Do something today that your future self will thank you for.

THINK.

GO ON.

DATE ___ / ___ / _____

I am thankful for...

☼

Things that made me happy today...

☽

DATE ___ / ___ / _____

I am grateful for...

☼

Things I did for myself today...

☽

DATE ___ / ___ / _____   *I am grateful for...*

☼ _____

People I loved seeing today...

☾ _____

DATE ___ / ___ / _____   *I am thankful for...*

☼ _____

Music I enjoyed today...

☾ _____

DATE ___ / ___ / _____   *I am grateful for...*

☼ _____

Relaxing moments I had today...

☾ _____

STOP.

When it rains look for rainbows.
When it's dark look for stars.

THINK.

GO ON.

DATE ___ / ___ / _____

I am thankful for...

☼

☽

Small things that made me smile today...

DATE ___ / ___ / _____

I am grateful for...

☼

Nice things someone did for me today...

☽

DATE ___ / ___ / ___

I am grateful for...

☼ _____

People I loved talking to today...

☽ _____

DATE ___ / ___ / ___

I am thankful for...

☼ _____

Things I did for someone else today...

☽ _____

DATE ___ / ___ / ___

I am grateful for...

☼ _____

Small victories I had today...

☽ _____

STOP.

Today choose joy!

SMILE.

GO ON.

DATE Mo Tu We Th Fr Sa Su ___ / ___ / _____

I am thankful for...

☼ ....
....
....

Things from today I would like to do again tomorrow...

☾ ....
....
....

DATE Mo Tu We Th Fr Sa Su ___ / ___ / _____

I am grateful for...

☼ ....
....
....

Moments that made me smile today...

☾ ....
....

DATE ___ / ___ / ___

I am grateful for...

☀

Unique things about today...

☽

DATE ___ / ___ / ___

I am thankful for...

☀

Friends I thought about today...

☽

DATE ___ / ___ / ___

I am grateful for...

☀

Nice things I smelled today...

☽

STOP.

Make today count. You will never get it back.

REMEMBER.

GO ON.

DATE _{Mo Tu We Th Fr Sa Su} __ / __ / _____

I am thankful for...

☼

Things I did for myself today...

☽

DATE _{Mo Tu We Th Fr Sa Su} __ / __ / _____

I am grateful for...

☼

Good things I did for someone today...

☽

DATE ___ / ___ / ___

I am grateful for...

☼

Silly things that made me smile today...

☽

DATE ___ / ___ / ___

I am thankful for...

☼

My favorite people today...

☽

DATE ___ / ___ / ___

I am grateful for...

☼

Moments I appreciated today...

☽

STOP.

When all else fails take a nap.

SMILE.

GO ON.

DATE Mo Tu We Th Fr Sa Su ___ / ___ / _____   I am thankful for...

☼ ....

Moments from today I would like to have again tomorrow...

☽ ....

DATE Mo Tu We Th Fr Sa Su ___ / ___ / _____   I am grateful for...

☼ ....

Funny moments from today...

☽ ....

DATE ___ / ___ / ___

I am grateful for...

☼

Unique things about today...

☽

DATE ___ / ___ / ___

I am thankful for...

☼

Food I enjoyed eating today...

☽

DATE ___ / ___ / ___

I am grateful for...

☼

Nice things I heard today...

☽

30 DAY REFLECTION

MY FAVORITE MOMENTS

There is always something to be thankful for.

MY THOUGHTS

WHAT I LEARNED

LOOKING FORWARD

GOALS AND INTENTIONS

AFFIRMATIONS

I am...

LOOKING FORWARD TO

THINGS TO IMPROVE

STOP.

*Enjoy the little things, for one day
you may look back and realize
they were the big things.*

REMEMBER.

GO ON.

DATE __ / __ / _____   I am thankful for...

☼

☽   Moments I want to remember from today...

DATE __ / __ / _____   I am grateful for...

☼

☽   Good things I did for someone today...

DATE ___ / ___ / ___   *I am grateful for...*

☼ _____
_____
_____

Small things that made me smile today...

☽ _____
_____
_____

DATE ___ / ___ / ___   *I am thankful for...*

☼ _____
_____
_____

My favorite music today...

☽ _____
_____
_____

DATE ___ / ___ / ___   *I am grateful for...*

☼ _____
_____
_____

Good things someone did for me today...

☽ _____
_____

STOP.

If you can't be grateful be quiet.

REMEMBER.

GO ON.

DATE Mo Tu We Th Fr Sa Su ___ / ___ / _____   I am thankful for...

☼ _____
_____
_____

Moments I felt appreciated today...

☽ _____
_____
_____

DATE Mo Tu We Th Fr Sa Su ___ / ___ / _____   I am grateful for...

☼ _____
_____
_____

Nice things I did today...

☽ _____
_____

DATE ___ / ___ / _____

I am grateful for...

☼
_____

Small victories I had today...

☽
_____

DATE ___ / ___ / _____

I am thankful for...

☼
_____

My favorite moments today...

☽
_____

DATE ___ / ___ / _____

I am grateful for...

☼
_____

People who made me laugh today...

☽
_____

STOP.

When you shift your focus from your defeats to your victories you'll see that life ain't that bad.
You're winning.

THINK.

GO ON.

DATE ^{Mo Tu We Th Fr Sa Su} ___ / ___ / _____

I am thankful for...

_____
_____

Small victories I had today...

_____
_____

DATE ^{Mo Tu We Th Fr Sa Su} ___ / ___ / _____

I am grateful for...

_____
_____

Moments that made me laugh today...

_____

DATE ___ / ___ / ___

I am grateful for...

☀

People I am grateful for today...

☾

DATE ___ / ___ / ___

I am thankful for...

☀

Things I did for myself today...

☾

DATE ___ / ___ / ___

I am grateful for...

☀

Relaxing moments I had today...

☾

STOP.

How to be happy (101):
Decide every morning that you are in a good mood.

SMILE.

GO ON.

DATE   Mo Tu We Th Fr Sa Su
___ / ___ / _____

I am thankful for...

☼ _____

Things from today I would like to do again tomorrow...

☽ _____

DATE   Mo Tu We Th Fr Sa Su
___ / ___ / _____

I am grateful for...

☼ _____

Moments that made me smile today...

☽ _____

DATE ___ / ___ / _____

I am grateful for...

☀

Unique things about today...

☾

DATE ___ / ___ / _____

I am thankful for...

☀

Friends I thought about today...

☾

DATE ___ / ___ / _____

I am grateful for...

☀

Nice things I smelled today...

☾

STOP.

Acknowledging the good that you already have in your life is the foundation for all abundance.

THINK.

GO ON.

DATE ___ / ___ / _____   I am thankful for...

☼ _____

☾ Things that made me feel good about myself today...

_____

DATE ___ / ___ / _____   I am grateful for...

☼ _____

☾ Small things that made me smile today...

_____

DATE ___ / ___ / ___   *I am grateful for...*

☼

_____

_____

Music I enjoyed today...

☾

_____

_____

DATE ___ / ___ / ___   *I am thankful for...*

☼

_____

_____

Nice things I did today...

☾

_____

_____

DATE ___ / ___ / ___   *I am grateful for...*

☼

_____

_____

People whose company I enjoyed today...

☾

_____

_____

STOP.

Laugh, live, love!
No one on their deathbed has ever said,
"I wish I worked more".

REMEMBER.

GO ON.

DATE Mo Tu We Th Fr Sa Su ___ / ___ / _____

I am thankful for...

☼ _____
_____

Things I want to remember from today...

☽ _____
_____

DATE Mo Tu We Th Fr Sa Su ___ / ___ / _____

I am grateful for...

☼ _____
_____

People who made me laugh today...

☽ _____
_____

DATE ___ / ___ / ___   I am grateful for...

☼ _____

Moments I felt appreciated today...

☽ _____

DATE ___ / ___ / ___   I am thankful for...

☼ _____

My favorite scent today...

☽ _____

DATE ___ / ___ / ___   I am grateful for...

☼ _____

Good things someone did for me today...

☽ _____

30 DAY REFLECTION

MY FAVORITE MOMENTS

You will never change your life until you change something you do daily.

MY THOUGHTS

WHAT I LEARNED

LOOKING FORWARD

GOALS AND INTENTIONS

AFFIRMATIONS

I am...

LOOKING FORWARD TO

THINGS TO IMPROVE

My Thoughts

Hey there!

This journal is brought to you by Happy Books Hub. We have a passion for creating books that can improve and add joy to people's lives. Hopefully this journal will accomplish just that for you!

If you have any suggestions on how to improve it, or what we can change or add to make it more useful particularly to you, please don't hesitate to contact us at

hello@happybookshub.com

We would be more than happy to consider how to apply your suggestion to the journal's next edition.

Thank you for buying *Start With Gratitude* journal!

Please, support us and leave a review!

Thank you!

Happy Books Hub

Other books by Happy Books Hub you might enjoy:

Hello New Me:

A Daily Food and Exercise Journal to Help You Become the Best Version of Yourself

My 66-Day Challenge Habit Tracker & Goal Planner:

A Daily Journal to Help You Track Your Habits and Achieve Your Dream Life

My Favorite Recipes:

Blank Recipe Book to Write In: Collect the Recipes You Love in Your Own Custom Cookbook

Made in the USA
Columbia, SC
01 December 2019